Edmundo de Lima Calvo

Dízimo
Bênção de Deus

Dados Internacionais de Catalogação na Publicação (CIP)
(Câmara Brasileira do Livro, SP, Brasil)

Calvo, Edmundo de Lima
  Dízimo : benção de Deus / Edmundo de Lima Calvo. – 5. ed. – São Paulo : Paulinas, 2011. – (Coleção dízimo)

  ISBN 978-85-356-2943-9

  1. Bênção 2. Dízimo 3. Oferta cristã 4. Vida cristã I. Título.
  II. Série.

  11-12150   CDD-248.6

Índices para catálogo sistemático:
1. Dízimo : Serviço de Deus : Vida cristã : Cristianismo 248.6
2. Ofertas : Serviço de Deus : Vida cristã : Cristianismo 248.6

Citações Bíblicas: *Bíblia da CNBB*, 7. ed., 2008.

Direção-geral: *Flávia Reginatto*
Editores responsáveis: *Vera Ivanise Bombonatto*
e Antonio Francisco Lelo
Copidesque: *Ruth Mitzuie Kluska*
Coordenação de revisão: *Marina Mendonça*
Revisão: *Leonilda Menossi*
Direção de arte: *Irma Cipriani*
Gerente de produção: *Felício Calegaro Neto*
Projeto gráfico: *Manuel Rebelato Miramontes*

5ª edição – 2011
1ª reimpressão – 2013

Nenhuma parte desta obra poderá ser reproduzida ou transmitida por qualquer forma e/ou quaisquer meios (eletrônico ou mecânico, incluindo fotocópia e gravação) ou arquivada em qualquer sistema ou banco de dados sem permissão escrita da Editora. Direitos reservados.

Paulinas
Rua Dona Inácia Uchoa, 62
04110-020 – São Paulo – SP (Brasil)
Tel.: (11) 2125-3500
http://www.paulinas.org.br – editora@paulinas.com.br
Telemarketing e SAC: 0800-7010081
© Pia Sociedade Filhas de São Paulo – São Paulo, 2009

Apresentação

Apresento mais um trabalho do Pe. Edmundo de Lima Calvo. Já faz muitos anos que ele vem cultivando este tema, tendo se tornado um especialista no assunto. É mais do que um especialista: ele é um apaixonado pelo tema. Para ele, o dízimo é antes de tudo um meio de evangelização de nossas comunidades.

De fato, a gratidão pelos benefícios recebidos de Deus é um dos pontos altos do Evangelho de Jesus, nosso Senhor. E o dízimo é antes de tudo um gesto de gratidão. Com isso o dízimo nos torna mais cristãos e mais humanos.

Somente depois o dízimo é também uma contribuição, contribuição cujo sentido, porém, não deve ser minimizado, pois a Igreja é também corporeidade, isto é, precisa de recursos para ser eficiente e funcional na sua atuação evangelizadora. Assim o dízimo se torna uma bênção de Deus que abre novas possibilidades para as nossas comunidades.

Não só. Por meio da prática do dízimo aprendemos a partilhar os dons que Deus nos deu, pois sempre há pessoas e famílias que precisam de solidariedade. O dízimo se torna caridade cristã, isto é, amor de uns para com os outros. E o se amar uns aos outros como ele nos amou é o grande mandamento que o Senhor nos deixou.

A Palavra de Deus diz que devemos trazer à Casa do Senhor nosso Deus o dízimo para que a sua casa tenha fartura.

No meio católico estamos sempre mais despertando e criando o hábito de contribuir de coração com nosso dízimo. O Pe. Edmundo está dando sua contribuição significativa para que isso aconteça e se consolide.

Ele tem a minha bênção.

Dom Fernando Mason
Bispo de Piracicaba – SP

Introdução

Um livro não deve ser feito somente com palavras, mas deve possuir também gestos vividos a partir da Palavra de Deus. O início de nossa reflexão e, portanto, o começo de nosso trabalho, é a partir da Palavra de Deus.

A Bíblia, o livro sagrado da fé cristã, é geradora de novos corações e mentes. É preciso estudá-la e nela buscar entender o sentido do dízimo. Orar e meditar diariamente a Palavra de Deus é um hábito sagrado e inovador, capaz de produzir ótimos frutos.

A Pastoral do Dízimo faz parte do projeto missionário da Igreja. Todo serviço de evangelização é contínuo e deve caminhar com a Pastoral do Dízimo. As comunidades já estão cansadas de quermesses, bingos, rifas... O povo de Deus quer servir a Igreja partilhando. Isto é um fato que pode ser constatado em caminhadas pelas comunidades. O povo se sente envergonhando de ter que vender bebida alcoólica para sustentar o serviço de evangelização. Os agentes de pastoral querem, com todos os fiéis, partilhar. E a partilha acontece por meio da devolução do dízimo.

Este livro está esquematizado da seguinte forma: o primeiro capítulo reflete sobre o sentido da bênção. A bênção é um ato de louvor, de gratidão, de bondade, de partilha e de plenitude da graça de Deus. E o dízimo, antes de tudo, deve ser compreendido como gratidão.

O capítulo seguinte aborda o dízimo na Bíblia. O texto aborda Abraão, o pai de nossa fé, que recebe a bênção de Deus e oferta a décima parte de tudo, Jacó e Moisés e Jesus, o modelo perfeito do sacerdote do Deus Altíssimo.

O terceiro capítulo trata de nossa participação na vida da comunidade paroquial. Na sequência, para renovar os corações, são relatados alguns testemunhos edificantes: o da mãe de um padre, o do ministro da Palavra de Deus, o de um comerciante e, por último, o de um padre que se tornou dizimista.

Nas mãos do leitor está um livro feito de gestos e palavras. Acreditamos que, ao término da leitura, o seu coração será outro e você se tornará uma bênção de Deus em sua comunidade.

Uma ótima reflexão.

O dízimo é a expressão mais concreta
da oferenda de nosso trabalho,
que, juntamente com o pão e o vinho,
são oferendas agradáveis
e transformadas em Cristo,
como vida para o seu povo reunido.

Dízimo é bênção

Abençoar é bendizer. A bênção nasceu no seio da família, o lugar sagrado da vida. Na casa, o avô, a avó, o pai e a mãe abençoam os filhos e os netos, desejando saúde, felicidade, boa sorte e alegria. No meio familiar, seus membros recebem o poder da bênção daquele que a transmite. "O pai, o idoso, o sábio abençoam o filho" (cf. Gn 49,25-26).

As pessoas sempre foram sedentas de bênçãos. É um costume milenar entre os vários povos do mundo. O povo brasileiro herdou esta tradição das várias culturas de seus ancestrais. Embora as manifestações possam ser diferentes, o sentido é o mesmo. A beleza da bênção se dá pela pura gratuidade e simplicidade de coração.

A devoção popular está repleta desses sinais. Existem pessoas desprendidas que rezam pelo outro e com o outro, confiantes unicamente na bondade de Deus. Um exemplo são as benzedeiras, que têm a missão de curar as doenças, obter prosperidade, felicidade e saúde física e espiritual.

A bênção é um ato de louvor, de gratidão, de bondade, de paz, de amor, de partilha e de plenitude da graça de Deus. A bênção é um gesto de acolhimento. Na porta da Igreja ou de nossa casa devemos sempre dizer: "Deus te abençoe". Dar a bênção é uma forma de manifestar a alegria ao outro; sua força se manifesta no coração de quem a recebeu.

A bênção liberta, cura e enobrece a pessoa. O sinal de gratidão é algo que brota do coração de Deus. Uma pessoa de boa vontade não cobra pela bênção. Tudo surge da gratuidade de Deus.

O povo pede a bênção e Deus derrama a sua graça. E o dízimo, antes de tudo, deve ser compreendido como gratidão.

A bênção e os milagres

Para ofertar o dízimo, certamente não precisaremos pedir em troca céus e terra. São Paulo ensina: "Sabemos que tudo contribui para o bem daqueles que amam a Deus, daqueles que são chamados segundo o seu desígnio" (Rm 8,28). Quando somos promotores do bem e procuramos agir com retidão em tudo o que fazemos, seguramente poderemos contar com a força de Deus em nossa vida. Existem harmonia e conjunção de forças positivas para aquela pessoa que alimenta bons pensamentos, só deseja o bem para os outros e não deixa nem a raiva, nem a inveja, nem a soberba alimentarem sua vaidade.

O dízimo é uma bênção na vida daquele que crê na força da proclamação da Palavra, tem fé na Trindade Santa e por isso apresenta sua vida como oferenda viva, e sabe o valor que tem ofertar o dízimo na comunidade.

A decisão de ser dizimista se coloca no conjunto das atitudes de quem quer ser cristão de verdade: *Quero ser um cristão pra valer, pois recebo tanto de Deus! Sinto que sua graça me fortalece e me acompanha. Além do que, tudo o que faço e tenho, foi graça dele, que firmou meus passos e minha cabeça para eu não vacilar. Em minha vida de trabalhador, ofertar o dízimo significa fortalecer a vida de minha comunidade para que ela possa anunciar e celebrar a fé com mais vigor e ajudar aqueles que buscam a sua sombra. É uma forma de agradecer a Deus e reconhecer que tudo vem dele e vai para ele.*

Numa sociedade que prega a prosperidade baseada no consumo, a bênção está se tornando um negócio lucrativo. Uma pessoa desesperada quer uma solução mágica. O aflito não quer receber a bênção divina porque ofertou algo gratuitamente, mas quer fazer um negócio para que a sua vida melhore.

Os templos religiosos lotados de pessoas são sinais da bênção ou do desespero de uma sociedade desordenada e caótica? A Casa de Deus é um consultório? Que tipo de consultório? A sociedade na qual vivemos é ordenada ou desordenada? Está correta uma sociedade consumista que prega a ilusão de uma vida eterna a partir do consumismo?

Dízimo não é comércio e, sim, uma bela forma de gratidão na comunidade de fé. Dízimo não é um gesto mágico, mas uma bênção de Deus, porque está colocado a serviço do Reino de Deus. Dízimo não deixará ninguém rico financeiramente, mas rico da graça de Deus.

Dízimo é bênção quando acontece o milagre da partilha, da multiplicação dos pães, da oração, da Eucaristia, da justiça e do compromisso comunitário. Ninguém deve doar o dízimo, e, sim, devolver a parte de Deus. Tudo o que é de Deus é bênção.

Dízimo na Bíblia

O milagre da bênção é a gratidão. Louvar é abençoar e ser abençoado. O dízimo é bênção enquanto expressão de gratidão e reconhecimento da ação de Deus na própria vida. O trabalho tem origem e finalidade no próprio Deus que nos concedeu a vida e a inteligência para a transformação da natureza.

Ninguém deve "pagar" o dízimo. O dízimo não é uma dívida que se deve pagar; é, antes de tudo, a parte que pertence a Deus, na medida em que reconhecemos, em primeiro lugar, a sua bênção que nos concedeu tudo o que temos e o que somos.

Na língua hebraica *dízimo* significa *maaser*, relacionado ao número dez. Este número é considerado simbolicamente perfeito. Devolvendo o dízimo, a pessoa está sendo justa, honesta e perfeita com aquilo que pertence a Deus.

A prática de devolver o dízimo para manter uma sociedade ou comunidade teve início com os povos do Oriente antigo. No Egito e na Mesopotâmia, duas sociedades consideradas o berço da civilização, os egípcios e os mesopotâmios se sustentavam pelo dízimo.

A origem da palavra *dízimo* está ligada às letras *sr* do verbo árabe *ashara*, que significa formar uma comunidade ou construir um grupo de pessoas, no qual as pessoas devem conviver e partilhar os seus dons uns com os outros. Os membros da comunidade são os construtores que mantêm a autonomia do grupo. Os participantes conscientes fazem experiência de viver do seu próprio sustento, sem pedir esmola para manter a estrutura de sua família comunitária.

Abraão

Na visão do Primeiro Testamento, o conceito de dízimo é fundamental para a formação do povo. A base da fé do povo de Deus estava fundada na partilha do dízimo. A palavra *dízimo* aparece pela primeira vez no Livro de Gênesis. Abraão, considerado o pai da fé e o pai das religiões monoteístas, ou seja, das religiões que acreditam num único Deus, recebe a bênção de Deus Altíssimo e oferta a décima parte de tudo:

> Quando Abraão voltava, depois da vitória [...] Melquisedec, rei de Salém, trouxe pão e vinho e, como sacerdote de Deus Altíssimo, abençoou Abrão, dizendo: "Bendito seja Abrão pelo Deus Altíssimo, Criador do céu e da terra. Bendito seja o Deus Altíssimo, que entregou teus inimigos em tuas mãos". E Abrão entregou-lhe o dízimo de tudo (Gn 14,17-20).

Abraão, após uma ação de guerra, e carregado do espólio conquistado com a vitória, entrega a décima parte de tudo ao sacerdote do Deus Altíssimo, Melquisedec (seu nome significa *rei da paz*) que, por sua vez, abençoa Abraão. Este patriarca é a primeira pessoa a ofertar o dízimo, pois ele é justo diante de Deus. Seus descendentes viram nele um modelo de respeito ao Altíssimo. Abraão considerava que tudo procedia de Deus e por isso teve a atitude religiosa de oferecer uma parte da conquista como dízimo.[1]

O sacerdote abençoou o nosso pai na fé, e nós somos herdeiros dessa graça. O sacerdote que hoje abençoa os dons da

---

[1] Cf. CNBB. *Pastoral do Dízimo*. São Paulo, Paulus, 1975, pp. 16-17. (Col. Estudos da CNBB, n. 8.)

terra e do trabalho humano, pão e vinho apresentados no altar, é descendente de Melquisedec.

Abraão fez a experiência do "Deus da Aliança", pois foi o próprio Deus que se dirigiu a ele e fez um pacto, pedindo para que partisse rumo à terra que ele havia escolhido – a Terra Prometida –, além de lhe prometer uma grande descendência. No decorrer de sua vida, muitas foram as experiências de Abraão, como aquele importante momento em que sua própria fé foi colocada à prova. Ele foi chamado a oferecer em sacrifício o seu único filho, Isaac, o filho da Aliança (cf. Gn 22,1-18).

"O dízimo significa exercício da fé. Mas só haverá compreensão do seu verdadeiro espírito e sentido quando acontecer de forma pessoal uma experiência profunda, diante da essência e do mistério do Criador. Isso exige uma caminhada de fé, como, a exemplo de Abraão, que confiou na promessa sem ao menos ter sentido antecipadamente o que Deus lhe havia prometido. A experiência da fé não se antecipa; se desdobra no ato de crer. Por isso, confiou e realizou a promessa."[2]

Jacó e Moisés

Jacó, neto de Abraão e conhecido como Israel, também fez um voto a Deus para voltar a salvo de uma viagem. Ele prometeu construir uma casa para Deus e devolver o dízimo de tudo o que Deus lhe dera:

---

[2] GASQUES, Jerônimo. *As sete chaves do dízimo*. São Paulo, Paulus, 2008, p. 72

Jacó, então, fez este voto: "Se Deus estiver comigo e me proteger nesta viagem, se ele me der pão para comer e roupa para vestir, e se eu voltar são e salvo para a casa de meu pai, então, o Senhor será meu Deus. Esta pedra que ergui como coluna sagrada será transformada em Casa de Deus, e eu te darei o dízimo de tudo o que me deres" (Gn 28,20-22).

Assim como Abraão, Jacó também devolve o dízimo depois de fazer um voto a Deus. Abraão e Jacó, homens de Deus, souberam ofertar a décima parte de tudo. Dízimo não é uma simples porcentagem. Na oferta do dízimo, Deus não quer uma cifra, mas quer que sejamos fiéis ao seu projeto de amor.

Moisés e todo o povo de Israel fizeram a experiência do "Deus libertador", pois Moisés foi escolhido para libertar o povo da escravidão do Egito, das mãos do Faraó. O Deus vivo escuta o clamor, ergue seu braço forte e tem sua mão estendida para salvar o povo da escravidão do faraó, do culto aos falsos ídolos e conduzi-lo à Terra Prometida.

Para Moisés, Deus não só revelou o seu próprio Nome, como também se mostrou constantemente presente do seu lado, caminhando com o seu povo, seja como uma nuvem ou uma coluna de fogo. O Senhor assim falou a Moisés: "Tomar-vos-ei por meu povo, e serei o vosso Deus" (Ex 6,7). O povo do Senhor foi cuidado e conduzido em asas de águia, pois Deus estabeleceu a aliança: "Eu serei o vosso Deus e vocês serão o meu povo" (Ez 36,28).

O povo hebreu, descendente de Abraão, foi abençoado por Moisés, o libertador do povo da escravidão (Ez 3,7-10). A bênção sacerdotal do Livro dos Números está relacionada com a vinda do ano novo, como recomeço de uma vida melhor. A bênção nos renova para iniciarmos uma nova jornada.

O Senhor falou a Moisés: "Dize a Aarão e a seus filhos: com estas palavras devereis abençoar os israelitas: 'O Senhor te abençoe e te guarde. O Senhor faça brilhar sobre ti sua face, e se compadeça de ti. O Senhor volte para ti o seu rosto e te dê a paz'. Assim invocarão o meu nome sobre os israelitas, e eu os abençoarei" (Nm 6,22-27)

A Revelação do Primeiro Testamento estabeleceu em suas leis o costume de pagar o dízimo para manter o culto e atender os pobres. Estas leis evoluíram e se adaptaram conforme as várias situações vividas pelo povo ao longo do tempo.

"Dízimo não é uma taxa que se oferece para pagar um trabalho ou um bem recebido. O importante é o sentido da oferta. O dízimo se oferece como agradecimento a Deus, como participante de uma comunidade, como interessado no sustento da Igreja e na evangelização para o crescimento do Reino de Deus."[3]

Jesus Cristo

A vinda de Jesus Cristo ao mundo traz a revelação do plano de amor do Pai e a ação do Espírito Santo ao seu ponto culminante. Jesus é o Filho de Deus que veio revelar para nós a bondade e a misericórdia do Pai, em um mundo dominado pelo pecado e por todas as suas consequências de maldade e violência. Ele é o "Cordeiro de Deus, aquele que tira o pecado do mundo" (Jo 1,29). Mas, de que maneira?

[3] MAIMONE, José Maria. *Dízimo*. São Paulo, Paulus, 1989, p. 15.

Primeiramente, por sua prática de vida como Mestre. Vive o despojamento de si mesmo, enxerga as reais intenções do coração daqueles que estão à sua volta e não se incomoda com as regras dos grandes e dos letrados.

"Jesus passou fazendo o bem, veio para dar vida, e vida em abundância (Jo 10,10). Colocou-se ao lado dos indefesos, dos marginalizados, dos oprimidos e até dos estrangeiros e dos pecadores. Emprestou-lhes a voz, transmitiu força messiânica e a misericórdia do Pai. Com isto agiu contra a marginalização e combateu um sistema de profunda exclusão social, econômica, política e religiosa. Seu coração misericordioso e compassivo estava em profunda sintonia com o sofrimento do povo empobrecido, o qual aprendeu a ver nele uma novidade em pessoa (Lc 4,18)."[4]

O nome Jesus pode ser traduzido por *Salvador*. Significa a salvação de toda ganância, individualismo, desonestidade, egoísmo e falta de comunhão. Na Bíblia, a vida de Jesus é entendida como oferenda viva pela humanidade. Para salvar o mundo do pecado, o Pai não envia mais profetas em seu nome, mas o próprio Filho: "De fato, Deus amou tanto o mundo, que deu o seu Filho único, para que todo o que nele crer não pereça, mas tenha a vida eterna" (Jo 3,16). As forças e os poderes do mundo conspiram contra o Senhor, o Justo (cf. Sl 2), e a violência desaba sobre ele.

---

[4] CNBB. *Exigências evangélicas e éticas de superação da miséria e da fome*. São Paulo, Paulinas, 2002, nn. 27-28. (Col. Documentos da CNBB, n. 69.)

Jesus, plenamente consciente das tramas da maldade, segue adiante até Jerusalém onde será crucificado (cf. Lc 9,51ss). Diante do ódio, dos poderes e da vaidade, Jesus responde com o amor levado às últimas consequências: "[...] tendo amado os seus que estavam no mundo, amou-os até o fim" (Jo 13,1). O sacrifício de Jesus na cruz é único e definitivo. Seu sangue é redentor e sela a nova aliança. Nós, os batizados, ao comungarmos do seu corpo e sangue na Eucaristia, também oferecemos nossa vida junto com Cristo ao Pai. As ações da vida do cristão são aceitas pelo Pai como verdadeiro culto em espírito e verdade.

O dízimo se coloca neste grande movimento do cristão de fazer de sua vida um sacrifício perfeito, assim como rezamos na Oração Eucarística III: "Fazei de nós uma perfeita oferenda". O dízimo é a legítima expressão do fruto do nosso trabalho, de nosso suor, e por isso é apresentado na celebração eucarística.

O trigo e a uva, frutos da terra, transformados pelo trabalho humano em pão e vinho, são cristificados como Corpo e Sangue do Senhor. Por isso, o nosso trabalho, que já está no pão e no vinho, se torna ainda mais presente quando é oferecido em forma de dízimo.

O dízimo é a expressão mais concreta da oferenda de nosso trabalho que juntamente com o pão e o vinho serão oferendas agradáveis e transformadas em Cristo como vida para o seu povo reunido.

Dízimo na paróquia

Que prazer chegar a uma paróquia e encontrá-la arrumada para acolher os fiéis. Ali não existem sinais de abandono, de goteiras e de sujeira. Tudo é muito simples, limpo e de bom gosto.

Normalmente, em uma comunidade assim, há um batalhão de pessoas organizadas e com fé para sustentar devidamente a Casa de Deus.

Aprendemos a gostar da Igreja de nosso bairro. Ela acompanhou o desenvolvimento de nossa vida. Muitas, inicialmente, nasceram em um simples salão, ali as missas aconteciam de vez em quando. Aos poucos, tudo foi melhorando até que o bairro foi urbanizado... e o mais bonito, as crianças cresceram, ficaram adultas.

Nossa Igreja é a Casa de Deus por excelência; é o lugar de anunciar e celebrar a fé. Ali, nossa fé foi educada, amadureceu a ponto de iluminar nossos pensamentos e decisões no dia a dia.

Em cada Igreja, reúnem-se os cristãos que têm fé e buscam viver a caridade em Cristo, cheios de esperança na vida plena que o Senhor prometeu. Nossa comunidade é um lugar aconchegante, uma segunda casa, um porto seguro para toda a nossa família ouvir a Palavra, encontrar-se como irmãos na Casa do Pai e aí partilhar a fé com aqueles que creem. Principalmente aos domingos, a graça de Deus nos alcança nas celebrações eucarísticas em que cantamos e rezamos ativamente com nosso pároco.

Como nos anima perceber que nossa comunidade se prepara para ser casa que acolhe e educa nossos filhos! A paróquia deve ter salas adequadas, aparelhos necessários para transmitir a fé, pessoas capacitadas para dirigir a Palavra. Dizem que a apresentação externa de uma casa é o reflexo do interior de seus donos. Isto vale também para nossa paróquia, pois ela é o reflexo da vida espiritual de seus fiéis.

Como qualquer outra organização, a paróquia tem despesas para sua manutenção de culto, atendimento das pessoas e de serviço urgente de caridade para aqueles que passam por graves necessidades.

A atitude da maioria dos fiéis católicos é de indiferença em relação ao dízimo. Existem agentes de pastorais que trabalham na comunidade há anos e não são dizimistas. Fico triste quando ouço de alguns agentes a seguinte expressão: "A minha fé não é tanta ou já sirvo na pastoral, então, não preciso ser dizimista". Às vezes, questiono-me: existe amor pelo serviço de evangelização ou é apenas um hábito de trabalhar na Igreja? Existe clareza da fé? Servem com amor a comunidade? Leem a Bíblia diariamente? Oram com o coração?

Se o agente de pastoral não for dizimista, como poderá pregar sobre a comunhão, a partilha, a justiça e a fraternidade?

Finalidades

O dízimo se destina ao serviço de evangelização de uma comunidade de fé.

"A comunidade viva, em suas necessidades concretas, aparece como a finalidade concreta do sentido religioso da oferta material. O dom é feito a Deus, que dele não necessita, mas com o sentido preciso de socorrer as necessidades da comunidade, em termos de culto, de manutenção de serviços apostólicos e de socorro aos irmãos mais necessitados. Dentro da comunidade, o sistema do dízimo vê seu sentido alargado em direção à fraternidade e corresponsabilidade cristã na obra comum."[5]

O anúncio da Palavra

É necessário levar a Palavra às famílias. Se é certo que recebemos tudo de Deus, é justo que lhe ofereçamos algo para a realização de seu Reino, anúncio do Evangelho e sustento da Igreja.

"O centro do primeiro anúncio é a pessoa de Jesus, proclamando o Reino como uma nova e definitiva intervenção de Deus que salva com um poder superior àquele que utilizou na criação do mundo. Essa salvação é o grande dom de Deus, libertação de tudo aquilo que oprime a pessoa humana, sobretudo do pecado e do maligno, na alegria de conhecer a Deus e ser por ele conhecido, de o ver e se entregar a ele."[6]

Podemos avaliar que o pároco exercerá seu trabalho (ministério) sacerdotal com maior tranquilidade e dedicação porque tem um conselho administrativo que o orienta e o auxilia na aplicação dos recursos. E também porque tais recursos são suficientes para cobrir os gastos ordinários de manutenção da vida paroquial.

---

[5] CNBB. *Pastoral do Dízimo*. São Paulo, Paulus, 1975, p. 55. (Col. Estudos da CNBB, n. 8.)
[6] CNBB. *Diretório nacional de catequese*. São Paulo, Paulinas, 2007, n. 30. (Col. Documentos da CNBB, n. 84).

Serviço de solidariedade

A paróquia é a casa dos deserdados, o refúgio de tantos que buscam socorro espiritual e material. É sinal de maturidade espiritual quando a paróquia organiza o serviço da caridade com vicentinos, pastoral da saúde e até tenha projeto social para o atendimento dessa população. Ora, uma parcela do dízimo arrecadado se destina para este serviço de partilha e solidariedade com os mais pobres.

Uma necessidade

Socialmente, contribuímos para que o governo brasileiro cumpra com seu papel de mediador do bem comum. Não é pouco que o Brasil recolha o maior número de impostos do mundo. Mesmo assim, as comunidades cristãs católicas não recebem do governo nenhum subsídio vindo destes impostos; elas sobrevivem das ofertas de seus fiéis. Por isso, a comunidade se mobiliza em torno do dízimo.

O dízimo é um sistema de oferta mensal, de compromisso moral com a comunidade e marcado de acordo com a consciência de cada um.[7]

Secularmente, fomos acostumados a dar esmolas. Diante de um pobre pedinte, a consciência pesa e nos faz colocar a mão no bolso ou fazer qualquer coisa por aquele pobre. Me-

---

[7] Dizem os bispos do Brasil: "Todas as Igrejas Particulares no Brasil devem ter como meta a implantação do dízimo como sistema de contribuição sistemática e periódica, que substitua progressivamente o sistema de taxas. Haja um intenso trabalho de conscientização do povo e dos agentes de pastoral e de progressiva organização do sistema ao nível diocesano, paroquial e de base" (XIV Assembléia dos Bispos do Brasil, in: CNBB. *Pastoral do Dízimo*. São Paulo, Paulus, 1975, p. 9. Col. Estudos da CNBB, n. 8).

lhor que se embaraçar numa consciência culposa e omissa, é muito mais inteligente, de nossa parte, apoiar, com nosso dinheiro, projetos de sucesso que podem ser acompanhados e medidos seus resultados. O dízimo é um deles.

Por isso, o dízimo supõe uma fé adulta, que crê na necessidade e na força da Palavra que transforma os hábitos egoístas das pessoas e evangeliza a comunidade para que seja mais solidária, mais fraterna, e, portanto, sinal das bem-aventuranças do Reino de Jesus Cristo entre nós.

É urgente implantar e consolidar o dízimo em nossa comunidade de fé. A Igreja recomenda que muito mais que multiplicar festas, fazer campanhas, decretar taxas para a celebração dos sacramentos e pedir dinheiro em público, é mais saudável promover a conscientização dos fiéis em torno de uma oferta mensal para suprir as necessidades da comunidade.

Assim, a comunidade se responsabiliza, de forma estável, com a manutenção da Casa de Deus e de suas despesas como água, luz, telefone, material de limpeza, conservação do imóvel. Além desses custos, há o das pessoas diretamente envolvidas na administração e organização da paróquia: secretária, faxineira, zelador, padre. Sem esquecer do(s) veículo(s) da paróquia e da casa paroquial. Antes de tudo, o dízimo não é só problema do padre. Toda a comunidade é responsável por suas necessidades e pelo cumprimento de sua missão.

Testemunhos

Os testemunhos apresentados são de cristãos que tiveram a graça de receber de suas famílias os tesouros da fé cristã. São filhos abençoados pelo Deus de Bondade.

Mãe de um padre

O testemunho de Conceição é autêntico e podemos testemunhar com veracidade, porque fomos agraciados de poder realizar um serviço com ela na Pastoral do Dízimo em sua paróquia. A sua primeira frase: "Padre, a sua bênção. Que a paz de Jesus esteja com o senhor e toda a sua paróquia".

O relato de dona Conceição é uma bênção. Se não fosse a formação que ela recebeu de sua família, não teríamos tido êxito no serviço de evangelização. Vejamos como é ser apaixonado pela partilha:

> Eu tive uma grande graça de ter nascido em uma família católica; meus antepassados rezavam muito. Eles vieram da Itália. Naquele tempo, eles não tinham acesso à Palavra de Deus, era muito difícil ter uma Bíblia em casa. A família se reunia e rezava o rosário, e muitas outras orações. A maioria das pessoas de minha família era analfabeta, assim como meus pais. O único ensinamento das crianças era o serviço da roça. Por isso, não iam à escola. O meu avô andava 18 km para assistir a uma missa. Na volta, ele trazia o folheto da missa para reunir o povo e ler para todos. Eu disse assistir à missa, porque era rezada em latim, de costas para o povo.

Com a graça de Deus, veio o Concílio Vaticano II, que iluminou a Igreja, e o Papa liberou a Palavra de Deus para ser lida em todas as famílias. Os meus pais sempre frequentaram a Igreja. Eu e meus irmãos gostávamos de ir à missa. Os meus pais tiveram 13 filhos para evangelizar. Eram 8 homens e 5 mulheres. A nossa família tinha muito amor à Eucaristia.

Eu nunca deixei de consagrar o meu dízimo. O meu marido não gostava que eu devolvesse o meu dizímo, então, eu levava escondido dele. Ele não conhecia a Palavra de Deus e achava que o dinheiro era para o padre. Não desisti e continuei fiel a Deus. Eu tenho 6 filhos, sendo 3 homens e 3 mulheres. Um deles serve ao Senhor como padre. Com meus pais sempre aprendi a partilhar na minha vida, e tudo isto ficou no meu coração. A graça de Deus é tão grande que nunca faltou o necessário para a minha família.

Sou viúva, e continuo o meu trabalho na minha comunidade. A passagem bíblica de que mais gosto é de Malaquias, capítulo 3, versículo 10, que diz: "Trazei ao tesouro do templo o dízimo integral, para que haja recursos na minha casa. Fazei comigo esta experiência — diz o Senhor dos exércitos. Vamos ver se não abro as comportas do céu, se não derramo sobre vós minhas bênçãos de fartura". Meu irmão e minha irmã, confio realmente na Palavra de Deus e por isso, sou uma mulher muito feliz.

Eu sempre rezei para que na minha paróquia viesse um padre corajoso que implantasse o dízimo. O Senhor Deus ouviu as minhas preces e, um dia, chegou o Padre Edmundo, que transformou a nossa Paróquia pela Palavra de Deus em bênçãos. Parece brincadeira, mas tinha muitas pessoas que trabalhavam na Igreja e, ainda, não tinham uma Bíblia para estudar e ler. Eu mesma aprendi muito com o ensinamento bíblico. Todavia, o ditado popular diz: "O que é bom dura pouco".

Padre, não sei se vai valer o que eu escrevi. Desculpe o papel e a letra. Um abração! Que o Espírito Santo te ilumine.

Conceição

Ministro da Palavra de Deus

Na maioria das comunidades católicas, há ministros da Palavra de Deus que fazem belíssimas pregações e não praticam o que pregam. O gesto do Dorival, o *Doriva*, ministro da Palavra de Deus, era de indiferença em relação ao dízimo. Ele era um pregador de palavras. Ele nos contou que não falava do dízimo bíblico, porque não era dizimista. Ele pensou muitas vezes em deixar a comunidade por não querer ser dizimista. Deus é bondoso e deixou que Dorival fizesse a experiência do dízimo. Ele reservou a décima parte de seu salário e colocou dentro de um CD. Não parece estranho colocar o dízimo dentro de uma capa de CD?

Após deixar-me que brotasse espiritualmente, e discernindo sobre o sentido bíblico do dízimo, refleti: "Deus criou o homem para cultivar a terra e colher o fruto das lavouras. O dízimo é o fruto do suor e do trabalho humano". Eu fiquei curioso e comecei a guardar dentro de mim o chamado para ser dizimista.

Há um ano e meio descobri um homem bíblico chamado Abraão. Ele ofereceu a Deus a décima parte de todos os seus bens. Ele ofereceu em sinal de agradecimento pela assistência de Deus nas lutas contra os inimigos. Olhando para ele, e com a graça de Deus, guardei escondido dos meus olhos a décima parte dele. No período de dois meses, guardei o dízimo numa capa de CD, separado de tudo, e no final não precisei dele, então, pude perceber que aquilo não era meu. Durante dois meses, o dízimo ficou guardado e não tive vontade de gastar. A partir deste instante, fiquei impressionado, então, fui à Igreja e devolvi a Deus o que era dele.

Confiei, confiei, confiei em Deus em primeiro lugar. Agora sinto dentro de minha pessoa um novo homem, fruto de Deus. Consegui vencer os obstáculos da ganância. Hoje me sinto como um menino feliz, voltado a viver a espiritualidade do Evangelho. Peço a proteção fiel de São Francisco de Assis de ser dizimista integral aqui nesta comunidade de Pai Francisco, o meu protetor.

Paz e Bem! Deus me abençoe. Assim seja.
Irmão Dorival Rocha Pereira, ofs

Estranho? Deus é esquisito? Como será sua experiência? Inicie hoje o seu gesto. Dízimo é de Deus. Sem o dízimo não há comunidade evangelizada. Seja pregador com gestos e palavras.

A caixa secreta do comerciante

Cleber, agente do ministério do dízimo, serve a comunidade no Conselho de Assuntos Econômicos. A regra de nossa comunidade é que cada um do conselho administrativo seja membro do ministério do dízimo e seja um dizimista de acordo com a Palavra de Deus. O Cleber cuida dos documentos, serve nos mutirões. É um cristão comprometido com o serviço paroquial e faz com muito prazer as suas tarefas. É muito belo viver com cristãos que amam a sua comunidade.

Certo dia, Cleber convidou-nos para ir tomar café em sua casa. Ele é dono de um estabelecimento comercial e convidou-nos para ir até a sua mesa. Chegando em sua sala, ele me mostrou uma caixa embrulhada com papel de presente. Ele contou-me que aquela caixa era um lugar sagrado. Olhar uma caixa como um lugar santo é algo muito estranho. *Bem, sempre penso que Deus é muito esquisito. Às vezes, penso uma coisa e ele me mostra outra. Tudo é um passo no escuro. Deus não é lógico. Tudo que brota da fé se torna um gesto do amor de Deus.* Você deve estar muito ansioso para saber o que tem nesta caixa.

Devolvo a Deus o que é de Deus. Tenho um comércio do qual não sei quanto ganho. Por isso, optei por colocar, diariamente, uma parcela em uma caixinha. No fim de cada mês, pego a importância que depositei na caixa. Além da décima parte que coloco na minha caixinha, junto à décima parte da minha aposentadoria, e com alegria, levo à Igreja para que seja uma comunidade abençoada.

O dízimo que devolvo a Deus serve para evangelizar os nossos irmãos e irmãs em Cristo. Não deixe para fazer a experiência amanhã, comece hoje. Faça a sua experiência e você sentirá o sabor de viver Cristo no seu coração. Sem dízimo não há evangelização.

Nosso irmão Cleber fez esta experiência. Qual será a sua? Independentemente de sua profissão, seja um cristão comprometido com sua comunidade.

Testemunho de um padre dizimista

Quero dar meu testemunho de padre dizimista, mas antes me permito contar uma história:

"Certa vez uma mãe, preocupada com a saúde de seu filho, chegou ao famoso Gandhi e lhe pediu: 'Mestre, peça a meu filho que pare de comer açúcar!' Gandhi falou à mulher: 'Volte daqui a duas semanas'. Foi o que a mulher fez, e duas semanas depois apareceu diante do mestre hindu; e este encarou seriamente o menino e lhe disse: 'Meu jovem, pare de comer açúcar!' A mãe ficou decepcionada com a atitude de Gandhi e perguntou: 'Por que o senhor não disse isso há duas semanas e me fez voltar aqui para dizer o que lhe pedi naquele dia?' Gandhi ficou um instante em silêncio e por fim respondeu: 'Ora, porque há duas semanas eu também comia açúcar'."

Sinto-me alegre e tranquilo para dar meu testemunho neste livro do meu irmão, Padre Edmundo. E me sinto assim porque hoje tenho a consciência da importância de ser um cristão dizimista, também eu que sou padre.

Acontece que muitas vezes não só o padre, mas muitos cristãos comprometidos com a pastoral consideram que o trabalho realizado na comunidade já serve de dízimo. É o famoso dízimo do tempo ou do trabalho. Mas o que não podemos esquecer é a origem bíblica do dízimo, que nos ensina que se trata dos primeiros frutos da colheita e não apenas do serviço ou do tempo gasto com Deus ou no serviço dos irmãos.

No meu caso, sempre fui um dizimista descuidado. Sabia da minha "obrigação" de dar o dízimo, mas nunca o colocava como prioridade. Quantas vezes se passaram meses sem que eu contribuísse e quando me lembrava – ou era cobrado pela funcionária da Diocese – pagava como mais uma conta que estava atrasada, destinando o mínimo necessário e exigido.

No entanto, quando mudei para a Diocese de Piracicaba, senti-me na obrigação de ser um padre exemplar, já que tinha sido acolhido com confiança tanto pelo bispo como pelo presbitério. Assim, uma das minhas primeiras atitudes foi a seguinte: para que nunca me esquecesse de devolver o dízimo, nem mais considerava aquele valor como parte do meu salário. Fiz do meu dízimo um "desconto na fonte." Assim, quando enviava as taxas para a Diocese, também enviava o meu dízimo. Assim, desde então, nunca mais atrasei ou esqueci de encaminhar aquilo que por direito pertence a Deus, e não a mim.

Bem, esta foi a minha decisão. Mas muito mais bonita foi a demonstração de fidelidade a Deus.

Sei que você está impressionado com o testemunho deste abençoado sacerdote do Senhor. Ele é, hoje, o sacerdote levita que devolve o dízimo dos dízimos. Vejamos o que diz o texto bíblico sobre o dízimo dos sacerdotes:

> Fala aos levitas e dize-lhes: Quando receberdes dos israelitas o dízimo, que vos dou como herança, descontareis um tributo para o Senhor, correspondente à décima parte do dízimo. Será considerada como vosso tributo, como se fosse trigo tirado do vosso terreiro ou vinho do vosso tanque de pisar. Dessa forma também vós descontareis o tributo do Senhor de todos os dízimos que receberdes dos israelitas. Dareis esse tributo do Senhor ao sacerdote Aarão (Nm 18,26-28).

* * *

Leitor amigo, não temos a pretensão de fazer uma conclusão deste livro. Deixaremos um espaço para que você seja o próximo a ser uma bênção de Deus. A Palavra de Deus seja a sua luz e que saiba reconhecer que Deus é o seu Pai, o proprietário de tudo. Não viva a Palavra de Deus com palavras, mas com gestos. Hoje procure a sua comunidade e devolva o seu dízimo na Casa do Senhor Deus. Dízimo é bênção de Deus.

O começo

O Dia do Senhor é o dia do descanso e de oração. A Eucaristia dominical nos reúne como a família dos filhos de Deus na Casa do Pai; marca, no cristão, um estilo de vida pessoal e comunitário. Oferece-nos a ocasião de renovar a graça batismal e de cultivar as atitudes de otimismo, alegria e confiança na misericórdia do Pai. Ela nos dá o Espírito de santidade para vivermos numa relação de intensa comunhão e proximidade. Os cristãos são convocados pelo Senhor e por seu Espírito para alimentar e discernir sua vida diante da Palavra proclamada e do sacrifício de Cristo.

O dia abençoado é o dia do começo de uma nova vida. Seja uma bênção na sua Igreja.

* * *

Eu sou desta comunidade e quero ser dizimista.

O meu nome é ....!

Sumário

Apresentação 5
Introdução 7
Dízimo é bênção 10
Dízimo na Bíblia 14
Dízimo na paróquia 22
Testemunhos 28
O começo 38

Impresso na gráfica da
Pia Sociedade Filhas de São Paulo
Via Raposo Tavares, km 19,145
05577-300 - São Paulo, SP - Brasil - 2013